du péril
de l'ignorance

ISBN : 978-2-916136-32-5
Dépôt légal : novembre 2010
Conception de la couverture : Sandrine Duvillier
Conception graphique de l'intérieur : Anne Brézès
Relecture typographique : Nathalie Barthès

Les Éditions du Sonneur
5, rue Saint-Romain, 75006 Paris
tél. : 01 45 49 15 86 – fax : 01 42 22 12 69
www.editionsdusonneur.com

VICTOR HUGO

du péril de l'ignorance

Préface de Marie-Noël Rio

LES ÉDITIONS DU SONNEUR

PRÉFACE

« ARTILLEURS DE L'INTELLIGENCE, À VOS PIÈCES ! »

LE 24 FÉVRIER 1848, après la fuite de Louis-Philippe, la IIe République est proclamée par un gouvernement provisoire dont la grande figure est Lamartine. Celui-ci propose à Victor Hugo la fonction de ministre de l'Instruction publique. Hugo, pair de France depuis 1845, monarchiste depuis sa jeunesse, familier du roi déchu, refuse malgré son admiration pour le poète. Le gouvernement provisoire prend des mesures immédiates : abolition de la peine de mort, création des « Ateliers nationaux », d'une « Commission du gouvernement pour les travailleurs », organisation du suffrage universel masculin, abrogation des lois restreignant la liberté de la presse, abolition de l'esclavage, de la prison pour dettes, des châtiments corporels, de l'impôt sur le sel, diminution de la journée de travail, contrôle de la monnaie… En mai, par vote de l'Assemblée constituante, le gouvernement provisoire est remplacé par une commission exécutive. Lamartine est toujours là, mais tout le pouvoir est à l'Assemblée.

Le 4 juin, Hugo est élu député de Paris. La droite domine l'Assemblée – les républicains modérés (à peu près cinq cents députés) et les monarchistes du parti de l'Ordre (celui de Hugo, environ deux cents députés) ne font qu'une bouchée de la centaine de républicains radicaux et de l'unique député socialiste.

Plus tard, Hugo écrira : « [L'Assemblée] est presque entièrement composée d'hommes qui, ne sachant pas parler, ne savent pas écouter. Ils ne savent que dire, et ils ne veulent pas se taire. Que faire ? Ils font du bruit. On sent que cette assemblée est d'hier et qu'elle n'a pas de demain. Elle vient de naître et elle va mourir. De là un bizarre amalgame des défauts de l'enfance et des misères de la décrépitude. Elle est puérile et sénile. [...] Jamais de hauteur, jamais de profondeur, même dans la colère. Pas de tempêtes, des giboulées.

Je contemple souvent en rêvant l'immensité de la salle et la petitesse de l'Assemblée.

République, c'est bien. Tâchons que le mot n'empêche pas la chose.[1] »

Le mot masque le pire. La Constituante revient sur toutes les décisions du gouvernement provisoire favorables au peuple. L'insurrection parisienne, en juin, est férocement réprimée. La commission exécutive démissionne le 23 juin, Lamartine s'en va et avec lui la République. Le boucher Louis Eugène Cavaignac *a les pleins pouvoirs : il fait exécuter en masse sur les barricades et dépor-*

1. *Choses vues,* extrait daté du 5 août 1848, sans doute écrit après coup, pendant l'exil.

ter en Algérie, sans jugement, des milliers d'insurgés. En septembre, Louis Bonaparte, en exil à Londres, revient à Paris.

Victor Hugo reste dans le camp de la droite tout en sachant que c'est un nid de coquins. Il a la voix faible et tâtonnante, mais il parle, il se bat avec ses armes : la pensée et les mots. Il se bat contre la médiocrité, la lâcheté et la bêtise, pour les libertés, contre la peine de mort (il a écrit Les Derniers jours d'un condamné *vingt ans auparavant, à 26 ans). Ce notable hanté par le peuple, ce courtisan intègre que méprisait Heine, ce conservateur fasciné par l'épopée révolutionnaire a toujours été du côté des misérables et des exclus*[2]*. Il se bat pour l'amnistie, s'engage dans un bureau destiné à venir en aide aux déportés de juin. Comme, en 1871, il offrira asile aux proscrits de la Commune, écrira sans relâche contre les représailles, s'épui-*

2. Le manuscrit qui deviendra *Les Misérables* est en chantier depuis 1845. Il paraîtra en 1862.

sera en démarches pour sauver les condamnés. Ces communards dont il ne partage pas les idées et dont il réprouve les actes.

À la Constituante de 1848, il vote avec la gauche de plus en plus souvent. Il prononce plusieurs discours : « Secours aux théâtres » (le 17 juillet), « Secours aux transportés » (le 13 août), « L'état de siège » (le 2 septembre), « La peine de mort » (le 15 septembre), « Pour la liberté de la presse et contre l'état de siège » (le 11 octobre) et, le dernier de l'année, celui reproduit dans ce livre, « Question des encouragements aux lettres et aux arts » (le 10 novembre).

Louis Napoléon Bonaparte fait campagne pour son élection à la présidence de la République. Il est habile : il se donne pour socialiste devant Proudhon, pour conservateur dévoué aux intérêts de l'Église devant Falloux et Montalembert. Devant Hugo, à qui il rend visite chez lui, rue de la Tour-d'Auvergne, il se donne pour le défenseur des pauvres et le candidat des classes souffrantes.

Hugo, naïvement, le soutient. Le 20 décembre, Louis Napoléon Bonaparte est élu président de la République. Lamartine est le grand perdant. Hugo écrira : « J'ai été la dupe du parjure avant d'être la victime du traître. »

Hubert Juin disait : « Victor Hugo, c'est l'homme du malaise critique.[3] » Hugo qui espérait : « Un jour on comprendra ma vie et les transformations de ma pensée. L'esprit a ses avatars. » Cet homme insaisissable, constamment en mouvement, variant toujours, exécrant le préjugé, ne se fie qu'à l'intelligence. D'où sa complexité. Il faut se garder de le ranger dans un tiroir, il s'en échappera toujours.

Notre époque, si portée à une morale binaire, étroite, à classer les actes et les gens dans des camps retranchés, a des difficultés à comprendre cela. Elle n'aime pas les contradictions. Aime-t-elle Hugo ? Qui dit en 1848 : « Un [17]93 des riches ne

3. Préface à *Choses vues*, éditions Gallimard, 1972.

serait pas seulement la chute de la monarchie, ce serait la chute même de la civilisation », mais qui, au lendemain du coup d'État de celui qu'il nommera Napoléon le Petit et parce qu'il a dissous l'Assemblée législative, c'est-à-dire la représentation populaire, appelle aux armes le peuple de Paris au nom des hommes de la Convention ; et qui, en 1871, retour d'exil, présidera la gauche radicale à l'Assemblée. Qui croit en Dieu mais insulte « les terroristes de l'Église » parce qu'ils ont pour tout argument d'agiter le spectre de 1793. Qui, dans Quatrevingt-treize, *son dernier roman, met en scène les déchirements terribles de la Terreur, cette ombre, cette nuit nécessaire pour que surgisse la lumière moderne.*

C'est à cette aune qu'il faut lire son discours politique présenté ici : la lutte de Hugo pour l'intelligence, cette lutte qui n'en finit pas, puisqu'en somme, la bêtise et la démagogie ne cessent de se reproduire. Et se garder d'en lire les détails avec les œillères d'aujourd'hui, notamment sur les ques-

tions du bien-être matériel, religieux et intellectuel : ne pas prendre Victor Hugo pour Mme Boucicaut, telle que la montre sa statue dans le square parisien qui porte son nom, grasse, satisfaite, donnant aux petits pauvres sans chaussures juste de quoi ne pas crever tout à fait. Lui se battait pour la justice et le droit.

MARIE-NOËL RIO

DU PÉRIL
DE L'IGNORANCE

NOTE DE L'ÉDITEUR : *nous avons choisi d'intituler* Du péril de l'ignorance *le discours plus connu sous le titre « Question des encouragements aux lettres et aux arts », prononcé à l'Assemblée constituante par Victor Hugo le 10 novembre 1848.*

MONSIEUR LE PRÉSIDENT : L'ordre du jour appelle la discussion du budget rectifié de 1848.

MONSIEUR VICTOR HUGO : Personne plus que moi, messieurs (« *Plus haut ! Plus haut !* »), n'est pénétré de la nécessité, de l'urgente nécessité d'alléger le budget ; seulement, à mon avis, le remède à l'embarras de nos finances n'est pas dans quelques économies chétives et détestables ; ce remède serait, selon moi, plus haut et ailleurs ; il serait dans une politique intelligente et rassurante, qui donnerait confiance à la France, qui ferait renaître l'ordre, le travail et le crédit… (*Agitation*) et qui permettrait de diminuer, de supprimer même, les énormes dépenses spéciales qui résultent des embarras de la situation. C'est là, messieurs, la véritable surcharge du budget, surcharge qui, si elle se prolongeait et s'aggravait encore, et si vous n'y preniez garde, pourrait, dans un temps donné, faire crouler l'édifice social.

Ces réserves faites, je partage, sur beaucoup de points, l'avis de votre comité des finances.

J'ai déjà voté, et je continuerai de voter la plupart des réductions proposées, à l'exception de celles qui me paraîtraient tarir les sources mêmes de la vie publique, et de celles qui, à côté d'une amélioration financière douteuse, me présenteraient une faute politique certaine.

C'est dans cette dernière catégorie que je range les réductions proposées par le comité des finances sur ce que j'appellerai le budget spécial des lettres, des sciences et des arts.

Ce budget devrait, pour toutes les raisons ensemble, être réuni dans une seule administration et tenu dans une seule main. C'est un vice de notre classification administrative que ce budget soit réparti entre deux ministères, le ministère de l'Instruction publique et le ministère de l'Intérieur.

Ceci m'obligera, dans le peu que j'ai à dire, d'effleurer quelquefois le ministère de l'Intérieur. Je pense que l'assemblée voudra bien me le permettre, pour la clarté même de la démonstration. Je le ferai, du reste, avec une extrême réserve.

Je dis, messieurs, que les réductions proposées sur le budget spécial des sciences, des lettres et des arts sont mauvaises doublement. Elles sont insignifiantes au point de vue financier, et nuisibles à tous les autres points de vue.

Insignifiantes au point de vue financier. Cela est d'une telle évidence, que c'est à peine si j'ose mettre sous les yeux de l'assemblée le résultat d'un calcul de proportion que j'ai fait. Je ne voudrais pas éveiller le rire de l'assemblée dans une question sérieuse ; cependant, il m'est impossible de ne pas lui soumettre une comparaison bien triviale, bien vulgaire, mais qui a le mérite d'éclairer la question et de la rendre pour ainsi dire visible et palpable.

Que penseriez-vous, messieurs, d'un particulier qui aurait mille cinq cents francs de revenu, qui consacrerait tous les ans à sa culture intellectuelle, pour les sciences, les lettres et les arts, une somme bien modeste, cinq francs, et qui, dans un jour de réforme, voudrait économiser sur son intelligence six sous ? (*Rire approbatif*)

Voilà, messieurs, la mesure exacte de l'économie proposée. (*Nouveau rire*) Eh bien ! Ce que vous ne conseilleriez pas à un particulier, au dernier des habitants d'un pays civilisé, on ose le conseiller à la France. (*Mouvement*)

Je viens de vous montrer à quel point l'économie serait petite ; je vais vous montrer maintenant combien le ravage serait grand.

Pour vous édifier sur ce point, je ne sache rien de plus éloquent que la simple nomenclature des institutions, des établissements, des intérêts que les réductions proposées atteignent dans le présent et menacent dans l'avenir.

J'ai dressé cette nomenclature ; je demande à l'assemblée la permission de la lui lire, cela me dispensera de beaucoup de développements. Les réductions proposées atteignent :

le Collège de France,
le Muséum,
les bibliothèques,
l'École des chartes,
l'École des langues orientales,
la conservation des Archives nationales,
la surveillance de la librairie à l'étranger (ruine complète de notre librairie, le champ livré à la contrefaçon !),
l'école de Rome,
l'École des beaux-arts de Paris,
l'École de dessin de Dijon,

le Conservatoire,
les succursales de province,
les musées des Thermes et de Cluny,
nos musées de peinture et de sculpture,
la conservation des monuments historiques.

Les réformes menacent pour l'année prochaine :

les facultés des sciences et des lettres,
les souscriptions aux livres,
les subventions aux sociétés savantes,
les encouragements aux beaux-arts.

En outre – ceci touche au ministère de l'Intérieur, mais la chambre me permettra de le dire, pour que le tableau soit complet –, les réductions atteignent dès à présent et menacent pour l'an prochain les théâtres. Je ne veux vous en dire qu'un mot en passant. On propose la suppression d'un commissaire sur deux ; j'aimerais mieux la suppression d'un censeur et même de deux censeurs. (*On rit*)

UN MEMBRE : Il n'y a plus de censure !

UN MEMBRE À GAUCHE : Elle sera bientôt rétablie !

MONSIEUR VICTOR HUGO : Enfin, le rapport réserve ses plus dures paroles et ses menaces les plus sérieuses pour les indemnités et secours littéraires. Oh ! Voilà de monstrueux abus ! Savez-vous, messieurs, ce que c'est que les indemnités et les secours littéraires ? C'est l'existence de quelques familles pauvres entre les plus pauvres, honorables entre les plus honorables.

Si vous adoptiez les réductions proposées, savez-vous ce qu'on pourrait dire ? On pourrait dire : un artiste, un poète, un écrivain célèbre travaille toute sa vie, il travaille sans songer à s'enrichir, il meurt, il laisse à son pays beaucoup de gloire à la seule condition de donner à sa veuve et à ses enfants un peu de pain. Le pays garde la gloire et refuse le pain. (*Sensation*)

Voilà ce qu'on pourrait dire, et voilà ce qu'on ne dira pas ; car, à coup sûr, vous n'entrerez pas dans ce système d'économies qui consternerait l'intelligence et qui humilierait la nation. (« *C'est vrai !* ») Vous le voyez, ce système, comme vous le disait si bien notre honorable collègue M. Charles Dupin[1], ce système attaque tout ; ce système ne respecte rien, ni les institutions anciennes, ni les institutions modernes ; pas plus les fondations libérales de François Ier que les fondations libérales de la Convention. Ce système d'économies ébranle d'un seul coup tout cet ensemble d'institutions civilisatrices qui est, pour ainsi dire, la base du développement de la pensée française.

Et quel moment choisit-on ? C'est ici, à mon sens, la faute politique grave que je vous signalais en commençant ; quel moment choisit-on pour mettre en question toutes ces institutions à la fois ? Le moment où elles sont plus nécessaires que jamais, le moment où, loin de les restreindre, il faudrait les étendre et les élargir.

Eh ! Quel est, en effet, j'en appelle à vos consciences, j'en appelle à vos sentiments à tous, quel

1. Mathématicien et homme politique français, Charles Dupin fut l'un des membres les plus ardents de la majorité de droite après la Révolution de février 1848.

est le grand péril de la situation actuelle ? L'ignorance. L'ignorance encore plus que la misère. (*Adhésion*)

L'ignorance qui nous déborde, qui nous assiège, qui nous investit de toutes parts. C'est à la faveur de l'ignorance que certaines doctrines fatales passent de l'esprit impitoyable des théoriciens dans le cerveau confus des multitudes. Le communisme n'est qu'une forme de l'ignorance. Le jour où l'ignorance disparaîtrait, les sophismes s'évanouiraient. Et c'est dans un pareil moment, devant un pareil danger, qu'on songerait à attaquer, à mutiler, à ébranler toutes ces institutions qui ont pour but spécial de poursuivre, de combattre, de détruire l'ignorance !

Sur ce point, j'en appelle, je le répète, au sentiment de l'assemblée. Quoi ! D'un côté la barbarie dans la rue, et de l'autre le vandalisme dans le gouvernement ! (*Mouvement*) Messieurs, il n'y a pas que la prudence matérielle au monde, il y a autre chose que ce que j'appellerais la prudence brutale. Les précautions grossières, les moyens de police ne sont pas, Dieu merci, le dernier mot des sociétés civilisées.

On pourvoit à l'éclairage des villes, on allume tous les soirs, et on fait très bien, des réverbères dans les carrefours, dans les places publiques ; quand donc comprendra-t-on que la nuit peut se faire aussi dans le monde moral, et qu'il faut allumer des flambeaux pour les esprits ? (*Approbation et rires*)

Puisque l'assemblée m'a interrompu, elle me permettra d'insister sur ma pensée.

Oui, messieurs, j'y insiste. Un mal moral, un mal moral profond nous travaille et nous tourmente. Ce mal moral, cela est étrange à dire, n'est autre chose que l'excès des tendances matérielles. Eh bien, comment combattre le développement des tendances matérielles ? Par le développement des tendances intellectuelles. Il faut ôter au corps et donner à l'âme. (*« Oui ! Oui ! » Sensation*)

Quand je dis : il faut ôter au corps et donner à l'âme, vous ne vous méprenez pas sur mon sentiment. (*« Non ! Non ! »*) Vous me comprenez tous ; je souhaite passionnément, comme chacun de vous, l'amélioration du sort matériel des classes souffrantes ; c'est là, selon moi, le grand, l'excellent progrès auquel nous devons tous tendre de tous nos vœux comme hommes et de tous nos efforts comme législateurs.

Mais si je veux ardemment, passionnément, le pain de l'ouvrier, le pain du travailleur, qui est mon frère, à côté du pain de la vie je veux le pain de la pensée, qui est aussi le pain de la vie. Je veux multiplier le pain de l'esprit comme le pain du corps. (*Interruption au centre*)

Il me semble, messieurs, que ce sont là les questions que soulève naturellement ce budget de l'Instruction publique discuté en ce moment. (*« Oui ! Oui ! »*)

Eh bien, la grande erreur de notre temps, ç'a été de pencher, je dis plus, de courber, l'esprit des hommes vers la recherche du bien-être matériel, et de le détourner par conséquent du bien-être religieux et du bien-être intellectuel. (*« C'est vrai ! »*) La faute est d'autant plus grande que le bien-être matériel, quoi qu'on fasse, quand même tous les progrès qu'on rêve, et que je rêve aussi, moi, seraient réalisés, le bien-être matériel ne peut et ne pourra jamais être que le partage de quelques-uns, tandis que le bien-être religieux, c'est-à-dire la croyance, le bien-être intellectuel, c'est-à-dire l'éducation, peuvent être donnés à tous.

D'ailleurs le bien-être matériel ne pourrait être le but suprême de l'homme en ce monde qu'autant qu'il n'y aurait pas d'autre vie, et c'est là une affirmation désolante, c'est là un mensonge affreux qui ne doit pas sortir des institutions sociales. (*« Très bien ! » Mouvement prolongé*)

Il importe, messieurs, de remédier au mal ; il faut redresser, pour ainsi dire, l'esprit de l'homme ; il faut, et c'est là la grande mission, la mission spéciale du ministère de l'Instruction publique, il faut relever l'esprit de l'homme, le tourner vers Dieu, vers la conscience, vers le beau, le juste et le vrai, vers le désintéressé et le grand. C'est là, et seulement là, que vous trouverez la paix de l'homme avec lui-même, et par conséquent la paix de l'homme avec la société. (*« Très bien ! »*)

Pour arriver à ce but, messieurs, que faudrait-il faire ? Précisément tout le contraire de ce qu'ont fait les précédents gouvernements ; précisément tout le contraire de ce que vous propose votre comité des finances. Outre l'enseignement religieux, qui tient le premier rang parmi les institutions libérales, il faudrait multiplier les écoles, les chaires, les bibliothèques, les musées, les théâtres, les librairies.

Il faudrait multiplier les maisons d'études pour les enfants, les maisons de lecture pour les hommes, tous les établissements, tous les asiles où l'on médite, où l'on s'instruit, où l'on se recueille, où l'on apprend quelque chose, où l'on devient meilleur ; en un mot, il faudrait faire pénétrer de toutes parts la lumière dans l'esprit du peuple ; car c'est par les ténèbres qu'on le perd. (« *Très bien !* »)

Ce résultat, vous l'aurez quand vous voudrez. Quand vous le voudrez, vous aurez en France un magnifique mouvement intellectuel ; ce mouvement, vous l'avez déjà ; il ne s'agit que de l'utiliser et de le diriger ; il ne s'agit que de bien cultiver le sol.

La question de l'intelligence, j'appelle sur ce point l'attention de l'assemblée, la question de l'intelligence est identiquement la même que la question de l'agriculture.

L'époque où vous êtes est une époque riche et féconde ; ce ne sont pas, messieurs, les intelligences qui manquent, ce ne sont pas les talents, ce ne sont pas les grandes aptitudes ; ce qui manque, c'est l'impulsion sympathique, c'est l'encouragement enthousiaste d'un grand gouvernement. (« *C'est vrai !* »)

Ce gouvernement, j'aurais souhaité que la monarchie le fût ; elle n'a pas su l'être. Eh bien, ce conseil affectueux que je donnais loyalement à la monarchie, je le donne loyalement à la République. (*Mouvement*)

Je voterai contre toutes les réductions que je viens de vous signaler, et qui amoindriraient l'éclat utile des lettres, des arts et des sciences.

Je ne dirai plus qu'un mot aux honorables auteurs du rapport. Vous êtes tombés dans une méprise regrettable ; vous avez cru faire une économie d'argent, c'est une économie de gloire que vous faites. (*Nouveau mouvement*) Je la repousse pour la dignité de la France, je la repousse pour l'honneur de la République. (*« Très bien ! Très bien ! »*)

SECOURS AUX ARTISTES

NOTE DE L'ÉDITEUR : *Le discours sur les encouragements aux arts, prononcé par Victor Hugo le 10 novembre 1848, fut combattu, comme exagérant les besoins et la misère des artistes et des lettrés. La question des arts revint devant l'assemblée le 3 avril 1849, et Victor Hugo, appelé à la tribune, prononça les mots qui suivent.*

MONSIEUR VICTOR HUGO : Les besoins des artistes n'ont jamais été plus impérieux. Et, messieurs, puisque je suis monté à cette tribune – c'est l'occasion que M. Guichard[1] m'a offerte qui m'y a fait monter –, je ne voudrais pas en descendre sans vous rappeler un souvenir qui aura peut-être quelque influence sur vos votes dans la portion de cette discussion qui touche plus particulière-

1. Nommé maire de Sens en 1848, Victor Guichard fut élu, la même année, représentant de l'Yonne à l'Assemblée constituante et siégea alors à la gauche démocratique.

ment aux intérêts des lettres et des arts. Il y a quelques mois, lorsque je discutais à cette même place et que je combattais certaines réductions spéciales qui portaient sur le budget des arts et des lettres, je vous disais que ces réductions, dans certains cas, pouvaient être funestes, qu'elles pouvaient entraîner bien des détresses, qu'elles pouvaient amener même des catastrophes. On trouva à cette époque qu'il y avait quelque exagération dans mes paroles.

Eh bien, messieurs, il m'est impossible de ne pas penser en ce moment, et c'est ici le lieu de le dire, à ce rare et célèbre artiste qui vient de disparaître si fatalement, qu'un secours donné à propos, qu'un travail commandé à temps aurait pu sauver.

PLUSIEURS MEMBRES : Nommez-le !

MONSIEUR VICTOR HUGO : Antonin Moine[2].

2. Victor Hugo décrivit, dans *Choses vues*, en mars 1849, le suicide d'Antonin Moine (1796-1849), sculpteur romantique dont la carrière se déroula sous le règne de Louis-Philippe : « Le

MONSIEUR LÉON FAUCHER[3] : Je demande la parole.

MONSIEUR VICTOR HUGO : Oui, messieurs, j'insiste. Ceci mérite votre attention. Ce grand artiste, je le dis avec une amère et profonde douleur, a trouvé plus facile de renoncer à la vie que de lutter contre la misère. (*Mouvement*)

Eh bien ! Que ce soit là un grave et douloureux enseignement. Je le dépose dans vos consciences. Je m'adresse à la générosité connue et prouvée de cette assemblée. Je l'ai déjà trouvée, nous l'avons tous trouvée sympathique et bienveillante pour les artistes. En ce moment, ce n'est pas un reproche que je fais à personne, c'est un fait que je constate. Je dis que ce fait doit rester dans vos

coup de pistolet avait emporté presque toute la tête. Le sang ruisselait sur le carreau ; il y avait de la cervelle sur les murs et sur les meubles. C'est ainsi que mourut, marqué par la fatalité, comme Jean Goujon son maître, Antonin Moine, nom qui désormais rappellera deux souvenirs, une mort horrible, un talent charmant. »

3. Léon Faucher, journaliste et économiste, fut chef du gouvernement sous la IIe République.

esprits, et que, dans la suite de la discussion, quand vous aurez à voter, soit à propos du budget de l'Intérieur, soit à propos du budget de l'Instruction publique, sur certaines réductions que je ne qualifie pas d'avance, mais qui peuvent être mal entendues, qui peuvent être déplorables, vous vous souviendrez que des réductions fatales peuvent, pour faire gagner quelques écus au trésor public, faire perdre à la France de grands artistes. (*Sensation*)

Les Éditions du Sonneur

La Petite Collection a été créée pour que puissent exister des textes trop courts pour être publiés dans un grand format, mais trop grands pour ne pas être édités.

Notre intention reste la même depuis la création de notre maison d'édition : publier des textes inédits et des textes oubliés ou méconnus dignes de vivre ou de revivre, d'être découverts ou retrouvés, des ouvrages auxquels on revient et avec lesquels on vit, que nous souhaitons accompagner assez longtemps pour qu'ils trouvent leurs lecteurs. Grâce à cette nouvelle collection, nous pouvons ajouter aujourd'hui : quelle que soit leur longueur.

Retrouvez les premières pages de chacun de nos ouvrages, notre catalogue et notre actualité sur notre site Internet : www.editionsdusonneur.com.

CHEZ LE MÊME ÉDITEUR

Idées fixes, trop fixes, Arrigo Boito

Le Requiem de Terezin, Josef Bor

Voyage vers le Nord, Karel Čapek

La Brebis galeuse, Ascanio Celestini

Au plus loin du tropique, Jean-Marie Dallet

De pareils tigres, Jean-Marie Dallet

Encre de guerre, Jean-Marie Dallet

Les Drames de la mer, Alexandre Dumas

Avatar, Théophile Gautier

Nouvelles asiatiques, Arthur de Gobineau

Le Patron, Maxime Gorki

Apaiser la poussière, Tabish Khair

200 chambres 200 salles de bains, Valery Larbaud

Ce que la vie signifie pour moi, Jack London

Trois journées de guerre en Annam, Pierre Loti

En l'air, Guy de Maupassant

Leçons d'écriture et de lecture, Jules Renard

Pour Lili, Marie-Noël Rio

Le Palmier en zinc, Marie-Noël Rio

Fosca, Iginio Ugo Tarchetti

Boroboudour, Roger Vailland

Jeune femme au luth, Katharine Weber

LA PETITE COLLECTION

La Tentation de la bicyclette, Edmondo de Amicis

Singapour, Georges Cassel

Cahier pour Aline, Paul Gauguin

Pour ou contre le tabac,
Huysmans, Loti, Mallarmé, Verne…

Comment j'ai fait mon dictionnaire, Émile Littré

Quiconque nourrit un homme est son maître,
Jack London

Relation d'un voyage chez les sauvages de Paris,
George Sand

Le Vice de la lecture, Edith Wharton

Comment on meurt, Émile Zola

HORS COLLECTION

Portraits d'animaux, Marc Kravetz

Portraits du jour, Marc Kravetz

Achevé d'imprimer en novembre 2010,
sur les presses de l'imprimerie La Source d'Or,
63039, Clermont-Ferrand, France.
N° d'impression : 14949